COLECCIÓN REPORTEROS LECTORES

Emocionantes historias para leer y escuchar

DE BARCELONA A LIMA

Nayka Barrios Jaén

DE BARCELONA A LIMA

Autora
Nayka Barrios Jaén

Coordinación editorial
Pablo Garrido, Núria Murillo, Carolina Domínguez

Edición y traducción
Lexware

Corrección ortotipográfica
Pablo Sánchez

Revisión lingüística
Kris Cárdenas

Diseño de cubierta
Oscar García Ortega, Pablo Garrido

Diseño
Elisenda Galindo

Maquetación
Joan Redolad (redoble.studio)

Ilustración
Ernesto Rodríguez

Fotografías
p. 9 Santiago Rodríguez Fontoba/dreamstime.com; **p. 67** Citalliance/dreamstime.com, Pixs4u/dreamstime.com, PeopleImages/istockphoto.com, Delmaine Donson/istockphoto.com, PixelsEffect/istockphoto.com, fcafotodigital/istockphoto.com, Anatoly Tiplyashin/dreamstime.com

© Difusión, Centro de Investigación y Publicaciones de Idiomas, S. L. Barcelona, 2025

ISBN: 978-84-1157-367-2

C/ Trafalgar, 10, entlo. 1ª
08010 Barcelona
Tel. (+34) 93 268 03 00
Fax (+34) 93 310 33 40
editorial@difusion.com

www.difusion.com

ÍNDICE

1. **Laura y Andrés** — p. 4
   Actividades — p. 8
2. **Una guitarra especial** — p. 10
   Actividades — p. 14
3. **Una gran idea** — p. 16
   Actividades — p. 20
4. **El grupo de música** — p. 22
   Actividades — p. 28
5. **Buscando la inspiración** — p. 30
   Actividades — p. 34
6. **La canción se hace viral** — p. 36
   Actividades — p. 40
7. **La seño Zuly** — p. 42
   Actividades — p. 46
8. **La llegada al Perú** — p. 48
   Actividades — p. 54
9. **De paseo por Lima** — p. 56
   Actividades — p. 60
10. **El gran día** — p. 62
    Actividades — p. 66
11. **El Festival de Música del Sol** — p. 68
    Actividades — p. 72
12. **Los ganadores** — p. 76
    Actividades — p. 80

Glosario — p. 82

LAURA Y ANDRÉS

Es viernes. Es la una de la tarde en España. En Perú son las seis de la mañana. Laura está comiendo un bocadillo[1] en Barcelona (España). En ese momento, Andrés se despierta en Lima (Perú).

A Laura le encanta despertar a Andrés, su amigo peruano, con un mensaje o por videollamada. El teléfono de Andrés recibe[2] una notificación[3].

¡Ding!

Es un mensaje de Laura. Pero Andrés no responde al mensaje, y ella lo llama.

—¡Hola, hola! ¡Buenos días, Andrés!
—¡Uf! ¿Qué hora es? —pregunta Andrés, y mira la hora—. ¡Son las seis de la mañana!
—¡Ja, ja! Buenos días. ¿Qué haces? —pregunta Laura.
—¿Cómo? ¡Estoy durmiendo! —responde Andrés un poco molesto[4].

—Ja, ja, ja. Pues en este momento, yo estoy comiendo un bocadillo. Aquí es la una —dice ella.

—¡Pues buen provecho[5]! —exclama Andrés molesto.

—¡Gracias! Andrés, perdona, pero tengo un examen de Matemáticas en mi próxima clase y necesito distraerme[6]. Estoy nerviosa.

—¡Gracias por llamarme para distraer tus nervios! —dice Andrés, un poco molesto todavía.

—Andrés, también tengo algo que contarte. Tengo una buena noticia[7] y una idea —dice Laura.

—Oh, oh, Laura tiene una idea… —dice Andrés con ironía[8]—. Por favor, la buena noticia primero.

—Okey. La buena noticia es que mis amigos Iker, Claudia, Ainara y yo vamos a formar un grupo de música —dice ella.

—¡Eso es genial! ¿Qué estilo de música van a tocar[9]? —pregunta Andrés. Ya no está molesto.

—Una fusión de flamenco, rock y música urbana.

—Eso es genial, Laura. Y… ¿cuál es la idea?

—Ah, sí, la idea… La idea es que queremos que tú nos ayudes[10] a componer[11] canciones para el grupo.

Andrés se levanta de la cama y se sienta en la silla del escritorio. Le gusta la idea de Laura. Quiere saber más.

—¡Genial! Podemos hablar todos juntos por chat o por video —dice Andrés.

—¡Perfecto, Andrés! Hoy, como es viernes, después del examen de Matemáticas vamos a ir al Parque Güell. Voy a contar mi idea a Iker, a Claudia y a Ainara. Luego te envío un mensaje y te cuento, ¿de acuerdo[12]? —dice Laura.

—¡Chévere![13] ¿El Parque Güell? ¡El parque de Gaudí! ¿Vives cerca del Parque Güell?

—Sí, todos vivimos cerca del Parque Güell. La escuela está al lado del parque.

—¡Chévere! ¿Me envías fotos? —pregunta Andrés.

—¡Por supuesto![14] Así conoces a los demás[15] por fotos —dice ella.

—¡Gracias! Bueno, pues... gracias por despertarme... —dice él con ironía.

—Ja, ja... Un placer despertarte, como siempre... —responde Laura, también con ironía.

—Buena suerte[16] en el examen —se despide Andrés.

ACTIVIDADES
CAPÍTULO 1

Completa, responde a estas preguntas o marca las opciones correctas.

1. Los protagonistas se llaman _____ y _____.
   Ella es de _____ y él es de _____.

2. ¿Qué hace Laura?
   a. Está comiendo. ☐
   b. Está estudiando. ☐
   c. Está durmiendo. ☐

3. ¿Dónde está Andrés?
   a. En casa. ☐
   b. En un parque. ☐
   c. En la escuela. ☐

4. ¿Por qué a Andrés no le gusta mucho la llamada de Laura?
   _____
   _____

5. ¿Quién tiene un examen?
   a. Andrés. ☐
   b. Laura. ☐
   c. Ambos. ☐

6. ¿Con quién va a formar un grupo de música Laura?
   _____

7. ¿Qué tipo de música van a tocar?
   a. Flamenco. ☐
   b. Rock. ☐
   c. Una fusión de varias músicas. ☐
8. ¿Para qué quiere Laura la colaboración de Andrés?
   a. Para tocar la guitarra. ☐
   b. Para componer canciones. ☐
   c. Para el examen de Matemáticas. ☐
9. ¿A Andrés le gusta la idea de Laura?
   a. No le gusta nada. ☐
   b. Le parece muy bien. ☐
   c. No dice nada. ☐
10. ¿Qué deciden hacer al final?

2

¿Qué información se da en el capítulo sobre el Parque Güell? Busca más información y escribe un pequeño texto de cinco o seis líneas.

UNA GUITARRA ESPECIAL

Laura es una chica muy activa e inteligente. Hace muchas cosas bien. Toca la batería[1] y la guitarra[2] y también juega al fútbol. Le gusta mucho. En Barcelona hay dos grandes equipos[3] de fútbol, el Barça y el Espanyol, y Laura es fan del Espanyol. También le gustan mucho el arte y la arquitectura.

Es sábado por la tarde en España. Laura y sus padres están juntos en el salón después de comer.

—Laura, tengo una sorpresa para ti —dice la madre—. Ahora que tienes un grupo de música, creo que vas a apreciar[4] este regalo[5]. —La madre de Laura va a su habitación y vuelve con una guitarra.

—¡Guau! —dice Laura—. ¡Es muy bonita! ¡Muchas gracias!

—¡De nada! Laura, esta guitarra es especial —dice la madre.

—¿Por qué es especial? —pregunta Laura.

—Es especial porque, si practicas mucho y la cuidas[6], te va a inspirar notas[7] y letras[8] fabulosas —explica la madre.

—¡Qué guay![9] —dice Laura.

—Pero tienes que practicar, componer, escuchar tu corazón[10]...
—¡Voy a intentarlo[11], mamá! —exclama Laura.

El padre de Laura también tiene algo que decir.

—Laura, lo más importante es divertirse[12]. Con esta guitarra puedes disfrutar[13] mucho y explorar tu creatividad.
—¡Vale, papá! —dice Laura—. ¡Muchas gracias!

Laura está feliz. Va a su habitación y empieza a tocar su guitarra nueva.

ACTIVIDADES
CAPÍTULO 2

1

Responde a estas preguntas o marca las opciones correctas.

1. ¿Cómo se describe en este capítulo a Laura? Selecciona las opciones correctas.
   a. Tranquila. ☐
   b. Valiente. ☐
   c. Activa. ☐
   d. Perezosa. ☐
   e. Inteligente. ☐

2. ¿Qué instrumentos toca Laura?

3. ¿Qué deporte practica?
   a. Atletismo. ☐
   b. Voleibol. ☐
   c. Fútbol. ☐

4. ¿Qué otros intereses tiene Laura?

5. ¿Dónde está Laura?
   a. En casa. ☐
   b. En la escuela. ☐
   c. En la calle. ☐

6. ¿Qué regalo recibe Laura? ¿Quién se lo da?

....

7. ¿Qué consejos relacionados con la guitarra le dan a Laura sus padres?

....
....

8. ¿Cómo se siente Laura al final del capítulo?
    a. Muy nerviosa. ☐
    b. Muy feliz. ☐
    c. Muy sorprendida. ☐

--- **2** ---

Haz un mapa mental con palabras relacionadas con la música que aparecen en este capítulo. Luego, complétalo con palabras del capítulo 1. Puedes irlo completando cuando leas los capítulos siguientes.

- CANCIONES
- INSTRUMENTOS

MÚSICA

UNA GRAN IDEA

Es domingo por la mañana en Barcelona. Laura se levanta, se ducha, se viste y va al salón. Sus padres están tomando café.

—Laura, ¿quieres venir a pasear con nosotros hoy?
—¿Adónde vais? —pregunta ella.
—Vamos al Mercat de Sant Antoni a mirar libros —dice el padre.
—¡Vale! Y... ¿podemos tomar un *brunch* después? Por favooooor... —pregunta Laura.
—Sí... Y también podemos pasear por Las Ramblas —sugiere la madre.
—¡Genial! Me encanta la idea —dice Laura con una sonrisa.
—¡Perfecto! —exclama el padre con alegría.

Laura y su familia pasan un día excelente. En el Mercat de Sant Antoni, Laura compra un libro de Laura Gallego, una escritora de literatura para jóvenes.

A las tres de la tarde regresan a casa y duermen una siesta[1], están cansados[2] después del *brunch* y del paseo por la ciudad. A las cinco, Laura está con sus padres en el salón. Son las diez de la mañana en Lima.

Andrés y otros amigos de Laura le han mandado mensajes por la mañana, pero ella no los ha visto porque dejó[3] el móvil[4] en casa.

—Laura, ¿cómo estás? —escribe Andrés en un mensaje, pero no recibe respuesta.
—¡Hola, Laura! —escribe Ainara, y tampoco recibe respuesta.
—¡Hoooola! —escribe Iker, y nada.
—¡Hola! ¡La, la, la, la, la, Laura! —escribe Claudia, y nada.

Todos están sorprendidos[5] porque Laura siempre responde a sus mensajes muy rápido. Siempre está conectada.

Laura va a su habitación. En ese momento ve un mensaje con una bonita imagen de Perú. Es Andrés.
¡Ding! Suena una notificación, y empiezan a hablar por chat.

—¡Hola, hola! —escribe ella.
—¡Habla![6] ¿Qué hay de nuevo? —dice Andrés.
—¿Hablamos por videollamada? —pregunta Laura.
—OK —escribe él.

Laura llama a Andrés.

—¿Qué tal el examen de Matemáticas? —pregunta Andrés.
—¡Genial! ¡Estoy muy contenta!
—¡Felicitaciones!
—¡Gracias!

Laura es muy buena estudiante. Casi siempre saca muy buenas notas[7].

—¿Quieres ver una cosa? —pregunta Laura.
—¡Sí!
—¡Mira, mi guitarra nueva!
—¡Guau!
—¡Me gusta mucho! —dice ella—. Toqué mucho anoche.
—Genial —dice él—. ¿De dónde la sacaste?
—Me la ha regalado mi madre. Es una guitarra flamenca —responde ella emocionada.
—¡Guau! ¿Puedes levantarla[8]? Quiero verla bien —dice él.
—¿Te gusta? —pregunta Laura mientras le muestra[9] la guitarra completa por la pantalla[10].
—Sí, mucho. ¡Es linda[11]! —responde Andrés—. ¿Puedes tocar algo?
—¡Claro! —dice ella, y empieza a tocar notas al ritmo flamenco.
—¡Qué bien tocas! —exclama Andrés encantado—. Oye, Laura, tengo una idea para el grupo.
—Dime —dice ella.

—Aquí, en Perú, hay un concurso[12] de música para jóvenes. Se llama Festival de Música del Sol. Pueden participar grupos de todo el mundo. Y atención..., ¡los grupos que llegan[13] a la final viajan a Perú para presentar su canción en vivo!

—¡¿En serio?![14] ¡Qué guay! Cuéntame más —dice Laura.

—Cada grupo presenta una canción que tiene que estar inspirada en[15] temas del Perú. En nuestro caso no es difícil porque yo soy peruano —dice Andrés con una sonrisa.

—Es una oportunidad increíble... —dice ella.

—Podemos mezclar[16] ritmos de España con sonidos del Perú —sugiere él.

—¡Excelente idea! —exclama ella—. Voy a hablar con el resto del grupo y, así, nos organizamos y nos reunimos para hablar todos pronto.

—Okey, pero no les digas nada del viaje. Prefiero explicarlo yo cuando estemos todos juntos, ¿ok? —dice él.

—Perfecto, no hay problema.

—Gracias, Laura. ¡Seguimos en contacto[17]!

—Gracias a ti. ¡Adiós!

ACTIVIDADES
CAPÍTULO 3

1

Indica si estas afirmaciones son verdaderas (✓) o falsas (✗).

1. Es domingo por la tarde en Barcelona. ☐
2. Cuando Laura ve a sus padres por la mañana, ellos están tomando té. ☐
3. Deciden que van a salir a pasear los tres juntos por la ciudad. ☐
4. Laura compra un disco en el Mercat de Sant Antoni. ☐
5. Laura y sus padres vuelven a casa por la tarde. ☐
6. Cuando llegan a casa, descansan un poco. ☐
7. Por la tarde, Laura habla con Andrés por videollamada. ☐
8. Laura muestra a Andrés su guitarra nueva. ☐
9. Laura toca un poco de rock para Andrés. ☐
10. Andrés propone algo para el grupo de música. ☐
11. Laura va a contar todos los detalles a Claudia, Iker y Ainara. ☐

2

Corrige las afirmaciones incorrectas de la actividad 1.

3

Indica cuál de estos resúmenes es el mejor para este capítulo.

a. El domingo por la mañana, Laura desayuna con sus padres y luego salen juntos a pasear por la ciudad. Laura compra un libro y un disco y después va a casa a comer. Por la tarde habla por videollamada con su amigo Andrés. Andrés le dice que no va a poder colaborar con el grupo de música.

b. El domingo por la mañana, Laura se levanta, se ducha, se viste y sale a pasear con sus padres por la ciudad y a tomar un *brunch*. A las tres de la tarde regresan a casa. Por la tarde, Laura llama a su amigo Andrés por videollamada y hablan de una idea para el grupo de música.

c. El domingo por la mañana, Laura se levanta, se ducha, se viste y sale a pasear con sus padres por Barcelona. Compran un libro en el Mercat de Sant Antoni y después vuelven a casa. Por la tarde, Laura habla por teléfono con sus amigos del colegio y toca la guitarra.

EL GRUPO DE MÚSICA

Son las tres y veinte de la tarde del sábado en Barcelona, las ocho y veinte de la mañana en Lima. Andrés, Laura, Iker, Claudia y Ainara van a hablar por videollamada. Hoy, Iker, Claudia y Ainara van a conocer finalmente a Andrés y a decidir un nombre para el grupo de música.

Laura inicia la videollamada. Andrés se une[1]. Después se unen los demás.

—¡Hola a todos! —dice Laura.
—¡Hola! —dicen Ainara, Claudia e Iker.
—¡Buenos días! —responde Andrés con una sonrisa.
—¡Hola, Andrés! ¿Qué hora es ahí, en Perú? —pregunta Ainara.
—Son las ocho y veinte de la mañana —dice Andrés.
—¡Guau! ¡Qué temprano[2]! —exclama Iker.
—Ya saben que no se le puede decir que no a Laura, ¡ja, ja, ja! —dice Andrés.

—Laura siempre tiene buenas ideas —dice Claudia.
—Ahora que estamos todos, ¿nos presentamos? —dice Laura.

Andrés empieza y se presenta.

—¡Hola, pues... yo me llamo Andrés! Vivo en Lima (Perú). Me encantan el arte, los tejidos[3] y la música de mi país. Además, toco la zampoña[4].
—¿La zampoña? —pregunta Claudia.
—Sí, es esto —dice Andrés mientras muestra su zampoña—. Es un instrumento de viento[5].

Todos se acercan más a sus pantallas.

—La zampoña es un instrumento tradicional del Perú. Es muy antiguo[6], tiene trece tubos[7] de diferentes tamaños —dice Andrés.
—¡Guau! Música, zampoña y tejidos, ¡qué interesante, Andrés! —exclama Claudia—. Bueno, pues yo soy Claudia y mis instrumentos son mi voz y mis manos. ¡Ah!, y juego al voleibol.
—Hola, Andrés, yo soy Iker. Yo toco el piano y juego al fútbol —dice Iker.
—Y yo soy Ainara. A mí me gustan la música pop y las matemáticas. Yo toco la guitarra y la batería, y también hago teatro —dice Ainara.
—Y yo soy Laura. Ja, ja... Yo también toco la guitarra y la batería. Juego al fútbol y también hago teatro.
—Muy bien. Pues... encantado de conocerlos[8] —dice Andrés.
—Lo mismo, Andrés. Encantado de conocerte —dice Iker.
—Encantada de conocerte —dice Ainara.
—Encantada de conocerte —dice también Claudia.
—Por cierto[9], ¿quién va a tocar la guitarra y quién va a tocar la batería? —pregunta Andrés.
—Para este proyecto, yo voy a tocar la batería y Laura va a tocar la guitarra —responde Ainara.
—¡Genial! —dice Andrés.

Claudia tiene una duda[10] y pregunta:

—Y... ¿cómo vamos a componer y a tocar música juntos si nosotros estamos en España y Andrés está en Perú?

Laura tiene la respuesta.

—Ainara es muy buena con la tecnología. Enviamos nuestras grabaciones[11] a Ainara y ella lo junta todo en su ordenador —explica.
—¡Buena idea! —dice Claudia.

Laura quiere aprovechar[12] la reunión para decidir el nombre del grupo.

—¡Chicos, necesitamos un nombre para el grupo! —exclama Laura.
—Yo tengo una sugerencia[13] —dice Andrés en broma[14]—: Me Despierto y Bailo.
—¿Me Despierto y Bailo? —pregunta Laura.
—Bueno, Laura, así me siento yo cuando me llamas temprano: ¡me despierto y bailo! —dice Andrés, y todos se ríen.
—¿Estáis de acuerdo con el nombre que Andrés sugiere? —pregunta Laura.
—¡Sí, sí, sí! —dicen todos.

La aceptación es unánime[15]. El grupo ya tiene nombre: ¡Me Despierto y Bailo!

—¡Muy bien! —responde Andrés con una sonrisa, y continúa—: Por cierto, yo tengo una idea que Laura ya conoce.
—¿Ah, sí? ¿Y cuál es la idea? —pregunta Claudia.

—La idea es participar en un concurso de música para jóvenes que hay aquí, en Perú. Se llama Festival de Música del Sol —dice Andrés.

—¡Qué guay! —exclama Iker.

—Pero hay una cosa importante... —advierte Laura—. La música tiene que inspirarse en temas de Perú.

—¡No hay problema! —exclama Claudia—. Estoy convencida[16] de que, con nuestra creatividad y la ayuda de Andrés, vamos a crear algo maravilloso y muy peruano.

—¡Excelente! Me gusta tu optimismo —dice Andrés—. Les cuento: hay dos rondas[17] en el concurso; cada grupo presenta una canción, y las mejores siete canciones pasan a la final. Pero, atención, para pasar a la final, tenemos que subir[18] y promocionar[19] la canción en nuestras redes sociales[20] con la etiqueta[21] #FestivaldeMúsicadelSoldelPerú. Solo las canciones con más de 1000 visualizaciones o escuchas tienen posibilidades de pasar a[22] la final.

—¡Uf! —exclama Iker.

—Y, atención, porque ahora viene lo mejor... ¡Todos los grupos que pasan a la final viajan a Perú con todos los gastos pagados para presentar su canción en el festival! —continúa Andrés.

—¡¿En serio?! ¡Qué emoción! ¡Yo quiero ir a Perú! —dice Claudia.

—Ninguno de nosotros ha visitado nunca el continente americano —dice Ainara.

—Chicos de Me Despierto y Bailo, vamos a vernos de nuevo la semana que viene para empezar a componer la canción, ¿okey? —dice Laura.

—¡Claro! ¡Qué emoción! —dicen todos.

Todos se despiden diciendo adiós con la mano, y Laura termina la videollamada.

ACTIVIDADES
CAPÍTULO 4

1

Marca en cada caso la opción correcta. (✓).

1. ¿Qué hora es en España cuando todos se reúnen?
    a. Las tres y veinte de la tarde.
    b. Las ocho y veinte de la mañana.
    c. Las ocho y veinte de la noche.

2. ¿Qué diferencia horaria hay entre Barcelona y Lima?
    a. 5 horas.
    b. 3 horas.
    c. 7 horas.

3. ¿Cuáles de estas cosas le gustan a Ainara?
    a. El piano.
    b. Las matemáticas.
    c. Los tejidos.
    d. La música pop.

4. ¿Cuál de estas actividades hace Laura y también Ainara?
    a. Tocan el piano.
    b. Juegan al voleibol.
    c. Hacen teatro.

5. ¿Quién va a tocar la guitarra en el proyecto?
    a. Ainara.
    b. Laura.
    c. Claudia.

6. ¿Qué persona del grupo va a tocar la batería en el proyecto?
   a. Ainara.
   b. Laura.
   c. Claudia.

7. ¿Quién puede editar las canciones en el ordenador?
   a. Iker.
   b. Ainara.
   c. Claudia.

8. ¿Quién propone el nombre del grupo?
   a. Iker.
   b. Laura.
   c. Andrés.

2

Indica a cuál de estas personas se refiere cada información.

	Laura	Iker	Ainara	Claudia	Andrés
Toca la guitarra.					
Toca la batería.					
Canta.					
Toca el piano.					
Toca la zampoña.					
Le gustan los tejidos.					
Hace teatro.					
Juega al voleibol.					
Juega al fútbol.					

BUSCANDO LA INSPIRACIÓN

Durante la semana, los chicos casi no tienen tiempo de pensar en la canción. Están muy ocupados[1] con su vida diaria, entre la escuela, los deportes y las actividades extraescolares[2].

Llega la noche del sábado en España. Es mediodía en Perú. Hoy se van a reunir para unir sus habilidades. Todos se conectan desde su casa. Todos tienen sus instrumentos.

—Mi idea es inspirarnos en algo auténtico del Perú. Lo que yo conozco más son las montañas, los tejidos peruanos y sus colores —dice Andrés.

—¡Perfecto! ¿Podemos ver montañas de Perú para inspirarnos? —pregunta Iker.

—Claro. ¿Cuál es tu color favorito, Iker? —pregunta Andrés.

—Me gustan todos —responde él.

—Ja, ja... Entonces me recuerdas a[3] la montaña de colores —dice Andrés.

—¿La montaña de colores? —pregunta Claudia sorprendida.

—Sí, al sudeste de Cusco hay una montaña que se llama Vinicunca —explica Andrés—. Es la montaña de los siete colores.

Andrés comparte su pantalla, con unas imágenes preciosas⁴ de la montaña de los siete colores. Todos los miembros del grupo miran con atención. Vinicunca es una montaña espectacular.

—Es una montaña increíble. Sí, vamos a inspirarnos en Vinicunca —sugiere Ainara.

Laura empieza a tocar su guitarra española nueva. Toca una melodía sencilla[5]. Iker la acompaña con unas notas al piano. Laura e Iker suenan bien juntos. Todos empiezan a inspirarse.

Ta, ta, tum, ta, ta, tum...

Ainara empieza a tocar un ritmo de batería.

Ti, ro, ri, ro, ri...

Andrés empieza a tocar la zampoña.

La, la, la...

Claudia empieza a tararear[6] una melodía.

Así pasan tres horas. La canción no está acabada, pero tienen unas ideas muy buenas. Laura toma notas y empieza a escribir la letra de la canción en un documento que comparte con todos. Andrés y Claudia también ayudan a escribir la letra.

Ya son las tres de la tarde en Perú, las diez de la noche en España. Es la hora de la cena. Los chicos se desconectan y envían a Ainara sus grabaciones. Ella va a juntar todo en su ordenador.

El grupo ensaya[7] varias veces más, siempre los sábados. Laura, Andrés y Claudia trabajan duro para acabar la letra de la canción. ¡Todos trabajan mucho! Se reúnen una vez más para grabar la canción. Todos están felices con el resultado. Es una canción sencilla pero bonita, perfecta para el concurso. La canción se llama *De España al Perú*. Esta es la letra:

Desde mi corazón hasta tu corazón,
llévame de España.
Llévame al Perú...

Llévame de España.
Quiero que me lleves tú.
Llévame al Perú...

Con la zampoña y las seis cuerdas[8] de mi guitarra,
a ver los siete colores de la montaña.
Desde España hasta el bonito Perú...

Te traigo[9] alegrías[10]
para que cada mañana me digas,
desde tu corazón hasta mi corazón,
llévame al Perú...

Ya con la versión final, Andrés inscribe al grupo en el Festival de Música del Sol. Ainara y Andrés suben la canción a una plataforma de videos en línea. ¡La suerte está echada[11]!

ACTIVIDADES
CAPÍTULO 5

Escribe la respuesta a estas preguntas.

1. ¿Qué día se reúne el grupo para ensayar?

2. ¿Por qué no se reúnen antes?

3. ¿Qué lugar geográfico sirve de inspiración para la canción? ¿Qué característica especial tiene?

4. ¿Qué hora es en España cuando terminan de ensayar?

5. ¿Quién escribe la letra de la canción?

6. ¿Quién va a juntar todas las grabaciones?

7. ¿Cómo se llama la canción?

8. ¿Quién registra al grupo en el Festival de Música del Sol?

9. ¿Qué hacen Ainara y Andrés con la canción?

2

Escribe si haces estas cosas y en qué situaciones o para qué.

1. Conectarte a internet.

2. Compartir pantalla.

3. Subir algo a una red social o a una plataforma.

6

LA CANCIÓN SE HACE VIRAL

Es domingo. Hace una semana que el grupo terminó la canción. Ainara y Andrés subieron la canción a una plataforma de videos en línea, y Andrés inscribió al grupo y la canción al concurso. Laura escribe a Andrés y a los demás por el chat del grupo.

—¡Hola, hola! —escribe Laura.
—¡Habla! —escribe Andrés.
—¡Hola! —responden Iker, Claudia y Ainara.
—¡Estoy emocionada! —dice Laura en un mensaje de voz—. ¿Habéis visto cuántas reproducciones[1] tenemos?
—¡No! —escribe Ainara.
—¡Sí! —dice Andrés—. Recibí una notificación de 500 reproducciones, pero necesitamos 1000.
—¡Oh, oh! Tenemos que promocionar más la canción —dice Iker.
—Creo que debemos compartir[2] el enlace[3] en nuestras redes sociales —sugiere Laura.
—Sí, buena idea —dice Claudia.

—Y tenemos que pedir[4] a nuestros padres que lo compartan en sus redes sociales también —dice Ainara.
—Yo voy a escribir un artículo en la revista La Ventana —dice Andrés.
—¡Genial! —dice Laura, que también es reportera de esta revista digital.
—¿Qué esperamos? ¡Vamos a compartir el enlace! —exclama Andrés.
—Muy bien. ¡No hay tiempo que perder[5]! —dice Iker.
—¡Es hora de que nuestra canción y la montaña de los siete colores se hagan famosas! —dice Andrés.

Se hace un silencio en el chat mientras todos comparten el enlace.

—¡Listo![6] —escribe Laura.
—¡Hecho![7] —escriben Iker, Ainara y Claudia.
—Ahora solo necesitamos que la gente la escuche y la comparta —dice Andrés.
—¡Perú, allá vamos! —escribe Laura.

Una semana más tarde, la canción tiene 3000 visitas. Pero el mensaje tan esperado con la invitación al concurso no llega. Laura envía un mensaje de voz al chat del grupo.

—Andrés, ¿tienes algún correo electrónico del comité organizador del concurso?
—No, nada —responde Andrés.

—¡Oh, no! —responde Iker.
—Andrés, ¿has mirado en *spam*? —pregunta Ainara en un audio.
—No. Voy a chequear ahora mismo —escribe Andrés.

Se hace un silencio en el chat. Hay suspense, pero tienen esperanza[8].

—¡Ay, ay, ay, ay! ¡Noticias! —escribe Andrés.
—¿Qué pasa? —pregunta Iker.
—¡Buenas noticias! ¡Hay un correo electrónico del comité organizador! ¡Pasamos a la final, amigos! —dice Andrés en un mensaje de voz.
—¡Increíble! ¡Increíble! ¡Increíble! —escribe Laura con emoción.
—¡Sííí! —exclama Iker en un audio.
—¡Qué guay! ¡Es fantástico, Andrés! ¡Qué emoción! —escribe Ainara.
—¡Nos vamos a Perú! —escribe Claudia.

Andrés envía una captura de pantalla[9].

Asunto: Concurso Festival de Música del Sol

Apreciados miembros del grupo Me Despierto y Bailo:

Nos complace ponernos en contacto con ustedes para felicitarlos por su canción dedicada al Perú. Tienen mucho talento y creatividad.

Tenemos el placer de invitarlos a la segunda ronda del concurso del Festival de Música del Sol, que se celebra el 30 de junio de este año.

Sinceramente,

El Comité del Festival de Música del Sol

ACTIVIDADES
CAPÍTULO 6

1

Indica si estas afirmaciones son verdaderas (✓) o falsas (✗).

1. El domingo, Laura contacta con el grupo por chat. ☐
2. Deciden poner el enlace de la canción en redes sociales. ☐
3. Laura va a escribir un artículo en la revista *La Ventana*. ☐
4. Una semana más tarde hay 6000 visualizaciones. ☐
5. Andrés recibe un mensaje. ☐
6. El grupo no pasa a la final. ☐

2

Corrige las afirmaciones incorrectas de la actividad 1.

....
....
....
....
....

3

Ordena la siguiente información.

☐ Andrés recibe un correo electrónico del comité organizador.
☐ El grupo termina la canción.
☐ Todos celebran que pasan a la final.
☐ Tienen 500 reproducciones.
☐ Comparten el video en sus redes sociales.
☐ Consiguen 3000 reproducciones.
☐ Ainara y Andrés suben la canción a una plataforma de videos.

4

Completa las frases con las formas del indefinido de los siguientes verbos.

pasar | felicitar | subir | recibir | inscribir | compartir

a. Andrés _____ la canción al concurso.
b. Ainara y Andrés _____ la canción a una plataforma de videos.
c. Todos _____ la canción en redes sociales.
d. Andrés _____ un correo del comité organizador.
e. La canción _____ a la final.
f. El comité organizador _____ al grupo.

7

LA SEÑO ZULY

Una semana después, en Lima, Andrés está desayunando en su casa con su madre y con su abuela.

—¡Pienso en la canción todo el tiempo! La letra, la música y la melodía son muy buenas —dice Andrés con una sonrisa enorme.
—¡Ja, ja, ja! Sin duda, es una canción pegajosa[1] —dice la abuela.
—Gracias, abu. Fue un trabajo colaborativo, un trabajo en equipo… —dice Andrés.
—Y ahora que la canción pegajosa está en la final del concurso, ustedes van a necesitar ropa para la presentación —dice la madre.
—Tienes razón[2], mamá —dice Andrés.
—Hoy voy a ir al taller[3] de la seño Zuly. ¿Quieres venir?
—¡Sí, claro! —responde Andrés.

La madre de Andrés es diseñadora de ropa, y la seño Zuly es una modista[4] con mucha experiencia. A Andrés le encanta salir con su madre por la ciudad, sobre todo cuando va al taller de la modista. A Andrés le gusta ir a la moda[5] y le gusta mucho visitar a la seño Zuly.

Hace dos años, Andrés participó en un concurso de jóvenes diseñadores peruanos. El tema del concurso fue "Sostenible y reusable", y él ganó los premios a la creación más original y a la mejor combinación de texturas[6] y materiales peruanos.

¡Riiing! Tocan el timbre[7] de la puerta y abre la seño Zuly.

—¡Hola, Zuly! ¿Cómo estás? —saluda la madre de Andrés.
—Buenas tardes, seño Zuly —saluda Andrés.
—¡Hola, mis queridos! ¡Bienvenidos![8] —dice la seño Zuly—. ¿Cómo puedo ayudarlos?
—Estoy trabajando en un nuevo diseño. Necesito telas[9] de lana[10] suaves[11] y resistentes para el uso diario —dice la madre de Andrés.

La seño Zuly le muestra diferentes opciones de telas. Andrés y su madre también hablan con la seño Zuly sobre el grupo de música y la canción inspirada en la montaña de los siete colores.

—Un grupo de estudiantes españoles de Barcelona y yo compusimos una canción inspirada en la montaña de colores —explica Andrés.
—¡Qué proyecto tan interesante, Andrés! —exclama la seño Zuly.
—Nos inscribimos en el concurso del Festival de Música del Sol —continúa Andrés—. Ya estamos en la final y vamos a

presentar la canción aquí en Lima. Y ahora yo voy a diseñar unas casacas[12] para el día de la presentación.

—¡Fantástico, Andrés! ¿Qué tal si te inspiras en la montaña misma para tu diseño? —sugiere la seño Zuly.

—¡Sí, esa es la idea! —dice Andrés—. ¿Puedo comenzar ahora mismo?

—Claro que sí. ¿Qué tipo de telas estás buscando? ¿Algodón[13]? ¿Lana? —pregunta la seño Zuly.

—Quiero usar solo algodón peruano —responde Andrés.

—Muy bien. ¿Qué hay de los colores? —pregunta la seño Zuly.

—Quiero mezclar colores como los de la montaña de los siete colores. ¿Tiene alguna sugerencia?

—Claro, podemos combinar telas de algodón. Ven, te voy a mostrar unas telas de algodón hermosas[14] y coloridas[15] que te van a encantar.

ACTIVIDADES
CAPÍTULO 7

--- **1** ---

Responde a estas preguntas o marca las opciones correctas.

1. ¿Dónde está Andrés?
   a. En la calle. ☐
   b. En la escuela. ☐
   c. En casa. ☐

2. ¿Con quién está?

   ----

3. ¿Qué están haciendo?

   ----

4. Según la abuela de Andrés, la canción...
   a. Es bonita porque la han hecho entre todos. ☐
   b. Se queda en la cabeza y no puedes parar de cantarla. ☐
   c. Tiene una letra muy original. ☐

5. ¿A qué se dedica la madre de Andrés?

   ----

6. ¿Quién es la seño Zuly?

   ----

7. ¿Qué experiencia tiene Andrés con el diseño?

   ....

8. ¿Qué tipo de telas necesita la madre de Andrés?
   a. De colores. ☐
   b. De algodón. ☐
   c. De lana. ☐

9. ¿Qué va a diseñar Andrés para la presentación de la canción y qué telas quiere usar?

   ....

2

Clasifica estas palabras en la tabla.

algodón | letra | colorida | melodía pegajosa | casaca | canción | diseño | lana | zampoña

Ropa	Música

3

Haz una lista de canciones o melodías pegajosas que conoces.

....
....
....
....

47

LA LLEGADA AL PERÚ

Ya es 21 de junio. Laura, Iker, Claudia y Ainara salen del Aeropuerto Josep Tarradellas Barcelona-El Prat a las ocho de la mañana. Hacen escala[1] en Madrid y llegan al Aeropuerto Internacional Jorge Chávez en Callao, al lado de Lima, a las seis y media de la tarde. Han viajado durante 17 horas y 30 minutos. El festival es dentro de[2] tres días.

Andrés, su madre y su abuela los esperan[3] en el aeropuerto.

—¡Bienvenidos! —los saluda Andrés con una sonrisa.
—¡Bienvenidos a Perú! —exclama con emoción la madre de Andrés.
—¡Qué emoción estar en Perú! —dice Laura.
—¡Qué alegría estar aquí con ustedes! —dice Andrés.
—Ha sido un viaje largo. Estoy muy cansada, pero también muy feliz de estar aquí —dice Ainara.

Todos están emocionados. Se abrazan y sonríen.

Se van en el carro[4] de siete asientos[5] de la madre de Andrés. Todos se van a quedar en casa de Andrés. A la madre y a la abuela de Andrés les encanta hacer de anfitrionas[6].

La abuela de Andrés es muy simpática. Quiere saber cosas sobre los chicos. Hablan sobre el viaje, sobre Barcelona y sobre Lima.

Llega la hora de cenar. La abuela de Andrés cocina una comida peruana deliciosa. En casa de Andrés siempre se come bien.

—Hoy vamos a cenar un plato peruano muy rico[7] —dice la madre de Andrés mientras les sirve a todos.

Todos se sientan a cenar. Los chicos están cansados, pero también tienen mucha hambre[8].

—¡Buen provecho! —dice la abuela con una gran sonrisa.
—Mmm... ¡Huele[9] fenomenal! —dice Laura.
—Está delicioso, riquísimo —dicen Ainara y Claudia.
—¿Cómo se llama este plato? —pregunta Iker.
—Es arroz chaufa de marisco. Lleva arroz, marisco, cebolla, huevo y sal —explica la abuela.
—¡Está buenísimo! —dice Laura.

Comen el arroz chaufa y unos patacones con salsa, y todos disfrutan, comparten y hablan. El grupo de Barcelona está muy cansado por el viaje y el cambio de hora, y se despide para ir a la cama. Andrés les enseña dónde van a dormir. A las once de la noche todos duermen.

Al día siguiente, en el desayuno, Laura está un poco preocupada.

—¿Qué pasa, Laura? —le pregunta Andrés.
—Estoy preocupada porque creo que tenemos que ensayar más y todavía tenemos que conseguir[10] la ropa para la actuación.
—Eso me recuerda que tienes que pasar por[11] la casa de la seño Zuly a buscar las sorpresas aquellas —dice la madre, y le guiña el ojo a Andrés.

—¿Sorpresas? —pregunta Laura—. Me encantan las sorpresas.
—Es un secreto, Laura, pero te va a gustar —dice Andrés—. Y no te preocupes. Hoy y mañana vamos a practicar.

Laura está más tranquila.

—Vamos a ver la ciudad. Lima es una ciudad muy bonita —dice Andrés con entusiasmo.
—¡Me encanta la idea! Estoy lista para conocer Lima —dice Ainara.
—Les voy a mostrar el centro histórico. Hay muchas iglesias y plazas hermosas. También hay muchas tiendas de ropa. Después vamos a ir a Miraflores. Desde el Malecón de Miraflores vamos a ver el océano Pacífico.
—¡Guau! Yo nunca he visto el océano Pacífico —dice Iker.
—Ninguno de nosotros lo ha visto, ¡ja, ja, ja! —dice Claudia.
—¡Vamos! ¡No hay tiempo que perder! —dice Laura.

ACTIVIDADES
CAPÍTULO 8

Escribe las respuestas a estas preguntas.

1. ¿A qué hora sale de Barcelona el avión?

2. ¿Viajan en un vuelo directo a Lima?

3. ¿A qué hora llegan a Perú?

4. ¿Quién va a buscarlos al aeropuerto?

5. ¿Cómo viajan desde el aeropuerto hasta la ciudad de Lima?

6. ¿Dónde se van a alojar los visitantes?

7. ¿Qué ingredientes lleva el plato que cenan?

8. ¿Por qué se preocupa Laura?

　　_____

　　_____

9. ¿Cuándo van a ensayar?

　　_____

10. ¿Qué van a ver en Lima que no han visto nunca antes?

　　_____

2

Señala el orden de los siguientes acontecimientos en el capítulo.

- [ ] Laura está un poco preocupada porque necesitan practicar más.
- [ ] Todos se abrazan en el aeropuerto.
- [ ] Laura, Iker, Claudia y Ainara salen del aeropuerto de Barcelona.
- [ ] Hacen escala en Madrid.
- [ ] La abuela conversa con el grupo de Barcelona sobre el viaje y sobre la ciudad.
- [ ] Se sientan a cenar.
- [ ] Se van a dormir.
- [ ] Desayunan.
- [ ] Van a dar una vuelta por Lima.

DE PASEO POR LIMA

El grupo camina por el centro de Lima durante dos horas. Hacen fotos y visitan diferentes lugares históricos, como la plaza Mayor. Laura, Claudia, Ainara e Iker están felices de descubrir Lima. Es una ciudad muy bonita. Después van a Miraflores. Desde el Malecón de Miraflores ven el océano Pacífico.

—En Barcelona tenemos el mar Mediterráneo, y aquí tenéis el océano Pacífico. Es precioso —le dice Ainara a Andrés en el malecón.
—Así es... Yo un día quiero ir a Barcelona y ver el Mediterráneo —dice Andrés.

Visitan también algunas tiendas. A Andrés le gusta ir a la moda, como a muchos chicos de su edad. Pero, para él, es importante la moda sostenible[1] y socialmente responsable. Van a tiendas de ropa vintage y a mercados de segunda mano. Buscan ropa para la actuación. Laura encuentra unas botas usadas[2].

—Estas botas se ven muy bien —dice Andrés a Laura.
—Sí, son bonitas —dice Laura, y se las prueba[3]. Le quedan[4] muy bien...

—¡Oh, no! Una está un poco rota[5]. ¿Me puede hacer un descuento[7]? —le dice Laura a la vendedora.
—A ver... Sí, es verdad. Okey. Te puedo hacer un 50 % de descuento[6] —dice la vendedora.
—Un zapatero[7], seguro que puede arreglarlas[8] —dice Andrés.
—Okey, pero ¿dónde hay un zapatero? —pregunta Laura.
—Enfrente del mercado hay un zapatero. Puede arreglar las botas —dice la vendedora.

—¡Gracias! Me las llevo —dice Laura con una sonrisa.
—¡Qué guay! —dice Andrés. Él está feliz por su amiga.
—¡Muchas gracias, señora! Es usted muy amable —dice Laura.

Todos van al zapatero. El zapatero también es muy simpático y arregla las botas de Laura. Después van a un mercado de artesanía y compran algunos objetos para llevar a España.

—Amigos, voy a dejarlos un rato aquí. Tengo que hacer algo importante —dice Andrés.
—¿Vas a buscar la sorpresa? —pregunta Laura.
—¡Sí! ¡Ja, ja! —responde Andrés.
—¿Qué es? —pregunta Ainara.
—Si te lo digo, ya no es una sorpresa, ¡ja, ja, ja! —exclama Andrés.

Andrés va a la casa de la seño Zuly a buscar la sorpresa para sus amigos. Después vuelve adonde están los demás y todos van a casa de Andrés. Cuando llegan a casa, los chicos tienen hambre. Esa noche cenan un delicioso ají de gallina con la madre y con la abuela de Andrés, y después ensayan durante cinco horas. Se acuestan a las tres de la mañana.

ACTIVIDADES
CAPÍTULO 9

1

Indica si estas frases son verdaderas (✓) o falsas (✗).

1. El grupo camina por Lima durante cuatro horas. ☐
2. A todos les gusta mucho Lima. ☐
3. Van a Miraflores a ver el mar Mediterráneo. ☐
4. A Andrés le encanta ir a la moda. ☐
5. Van a tiendas de segunda mano. ☐
6. Laura compra unas botas un poco rotas y le hacen una rebaja. ☐
7. Todos van a casa de la seño Zuly a buscar la sorpresa. ☐
8. Para cenar, comen cebiche. ☐
9. Se acuestan a las cinco de la mañana. ☐

2

Corrige las afirmaciones incorrectas de la actividad anterior.

Relaciona estos lugares con las actividades que hacen en ellos.

a. Centro de Lima.
b. Miraflores.
c. Mercados de segunda mano.
d. Zapatero.
e. Casa de la seño Zuly.
f. Casa de Andrés.

1. Recoger la sorpresa.
2. Cenar y ensayar.
3. Ver el océano Pacífico.
4. Buscar ropa para la presentación.
5. Arreglar unas botas.
6. Tomar fotos.

Elige una de estas propuestas, busca información y escribe un pequeño texto.

1. Miraflores.
2. El centro histórico de Lima.
3. Ají de gallina.

EL GRAN DÍA

Llega el gran día. El grupo se levanta, se ducha y se viste. Hoy, la madre y la abuela de Andrés han preparado un caldo[1] de gallina, con fideos, huevo duro y cebolla china.

—¡Buenos días, chicos! —dice la madre de Andrés.
—¡Hola, chicos! —saluda la abuela—. Hoy vamos a desayunar un caldo de gallina que les va a dar mucha energía.
—¡Genial! Es lo que necesitamos hoy —dice Laura.
—¡Gracias! —dicen los otros chicos.
—¡Muchas gracias por el caldo, abu! —dice Andrés con una sonrisa—. Ayer practicamos hasta muy tarde.

Después del desayuno, se lavan los dientes, se peinan y se visten para el concierto. Las chicas se maquillan. Andrés ya está listo, tiene su zampoña y los espera en la sala. Cuando todos están ya juntos, Andrés los nota nerviosos. Es el momento de darles la sorpresa.

—Chicos, tengo unos regalos para ustedes —dice Andrés.
—¡Qué emoción! ¡Gracias, Andrés! —dicen todos.

Andrés va a su habitación y regresa con las casacas.

—Hoy vamos a llevar estas casacas en el concierto. Hay una casaca para cada uno —dice Andrés.
—¡Qué guay! ¡Son preciosas! —dice Laura.
—¡Son increíbles! ¡Gracias, Andrés! —dice Iker.
—¡Los colores son espectaculares! —dice Claudia.
—Andrés, ¿las has hecho tú? —pregunta Laura.
—Sí —dice él—. Usé algodón peruano. Las diseñé y escogí[2] las telas. La seño Zuly me ayudó en su taller.
—¡Guau! Gracias —dice Ainara.
—Fue un placer diseñarlas —dice Andrés.

Todos se prueban las casacas.

—Te queda muy bien, Laura —dice Ainara.
—No solo a Laura, ¡a todos nos queda fenomenal! —dice Iker.
—¡Parecemos un verdadero grupo de música! —exclama Laura.
—¡Me alegra mucho! —dice Andrés.

La madre y la abuela de Andrés están muy felices también.

—¡Chicos de Me Despierto y Bailo, es hora de irnos! No queremos llegar tarde[3] —dice la madre.

—Estamos listos[4] —dice Andrés, y le da el teléfono a su abuela—. Abuela, por favor, ¿puedes tomarnos una foto con las casacas?

—¡Sí, por supuesto! —responde la abuela.

La abuela de Andrés hace la foto con el teléfono. Andrés mira la foto.

—¡Abuela, nos tomaste una foto solo de los cuerpos[5], sin cabezas[6]! ¡Ja, ja, ja!

La abuela y todos se ríen y, así, se relajan. La abuela se pone las gafas y hace la foto de nuevo. Esta vez sale bien.

Es la hora de salir para el festival. Los chicos están de buen humor. La madre de Andrés lleva al grupo en su carro al festival.

En el teatro, todo está preparado. Hay mucho público. Hay mucha expectativa.

ACTIVIDADES
CAPÍTULO 10

Escribe las respuestas a estas preguntas.

1. ¿Qué preparan la madre y la abuela de Andrés para el desayuno?

2. ¿Cómo se sienten los chicos antes de la sorpresa?

3. ¿Qué sorpresa da Andrés a los chicos? ¿Quién lo ha hecho?

4. ¿A quién le pide Andrés que tome una fotografía?

5. ¿Cuántas fotos toma? ¿Por qué?

6. ¿Cómo van al festival?

7. ¿Cómo es el ambiente en el teatro?

Relaciona estas actividades con las imágenes correspondientes.

1. Vestirse.
2. Ducharse.
3. Cepillarse los dientes.
4. Levantarse.
5. Peinarse.
6. Desayunar.
7. Ponerse maquillaje / maquillarse.

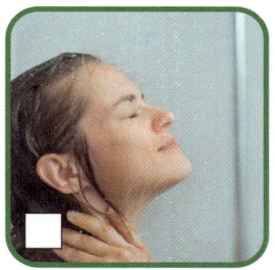

EL FESTIVAL DE MÚSICA DEL SOL

Los chicos de Me Despierto y Bailo están afinando¹ los instrumentos.

—¡Oh, no! —exclama Ainara.
—¡¿Qué pasa?! —pregunta Laura.
—¡Una de las baquetas² se ha roto! Se ha roto en el camino hacia aquí. ¿Qué voy a hacer? —pregunta Ainara estresada.

—Hay una tienda de instrumentos cerca de aquí —dice Andrés—. Podemos ir a comprar una baqueta.
—¡No hay tiempo, Andrés! —dice Laura.
—¡Oh, no! Nos van a descalificar[3] —dice Ainara.

Al lado de Me Despierto y Bailo hay otro grupo. Son brasileños. Llevan ropa inspirada en la cultura andina, como los chicos de Me Despierto y Bailo, y en el carnaval brasileño. Su estilo es una mezcla de Perú y de Brasil. Uno de los chicos brasileños escucha a Ainara y se acerca[4]. Primero habla con Andrés.

—¿Qué tal? Soy João, de Río de Janeiro, Brasil. Mis amigos y yo somos del grupo Mejor Juntos.
—Hola, João, me llamo Andrés. Nuestro grupo se llama Me Despierto y Bailo. Hablas muy bien español.
—Gracias —dice João—. Me gusta mucho su idioma.

Andrés lo presenta al resto del grupo.

—João, te presento a Laura, Claudia, Iker y Ainara.
—¡Mucho gusto! —dice João con una sonrisa.

Todos son amables y sonríen, pero Ainara no sonríe. Está muy estresada.

—¿Necesitan ayuda? —pregunta João.
—Sí, necesitamos una baqueta —dice Andrés.

—¿Quieren usar una de mis baquetas? Tengo de repuesto, no hay problema —dice João.

—¿De verdad? Es genial, muchas gracias —dice Ainara más tranquila.

—Nunca imaginé recibir ayuda de uno de nuestros rivales —dice Andrés.

—¡No hay problema! Así es más divertido, porque podemos competir[5] en igualdad de condiciones[6] —responde João con una sonrisa.

—¡Muchas gracias y buena suerte, João! —dice Ainara.

—¡Buena suerte! —dice João.

Todos los grupos están impacientes mientras esperan su turno. Los chicos de Me Despierto y Bailo se miran entre sí y sonríen. Están nerviosos, pero también están felices de tener esta oportunidad. El presentador[7] anuncia primero al grupo de Brasil. Salen al escenario[8] y tocan su canción con mucha alegría y energía. Es una canción curiosa, una mezcla de cumbia tradicional peruana y samba brasileña. El público baila al ritmo de la música y las voces de los brasileños. Hay muchos aplausos[9].

Después del grupo brasileño, tocan los demás grupos. Hay tres grupos peruanos, un grupo de Colombia y un grupo de Panamá. Todas las canciones son buenas. El público se divierte. Hay aplausos para todos los grupos.

El último grupo en tocar es Me Despierto y Bailo, el único grupo con miembros europeos.

—¡Es nuestro momento! —dice Laura. Ella agarra la guitarra con fuerza y siente buena energía. El corazón le palpita[10] y le brillan[11] los ojos.
—Estoy listo —dice Iker.
—¡Yo también! —dice Claudia con emoción, mientras tararea parte de la canción.
—¡Ánimo! Lo vamos a hacer bien —dice Ainara en la batería.
—¡Vamos a divertirnos! —dice Andrés con la zampoña en la mano.

Andrés, Laura, Iker, Claudia y Ainara saludan, sonríen y tocan su canción, *De España al Perú*, con intensidad y alegría. Cuando se mezclan los sonidos de las voces, la guitarra especial, la zampoña, el piano y la batería, el público se emociona y baila.

Al final, hay una gran ovación[12]. Andrés, Laura, Iker, Claudia y Ainara están muy felices.

ACTIVIDADES
CAPÍTULO 11

1

Indica si estas afirmaciones son verdaderas (✓) o falsas (✗).

1. Laura tiene un problema con su instrumento. ☐
2. Al lado de los chicos hay un grupo brasileño. ☐
3. Andrés y João hablan en portugués. ☐
4. João da una baqueta a Me Despierto y Bailo. ☐
5. Los chicos están nerviosos. ☐
6. El grupo de Brasil toca en primer lugar. ☐
7. Hay un grupo de Colombia. ☐
8. Hay dos grupos de Panamá. ☐
9. Me Despierto y Bailo toca en tercer lugar. ☐
10. Al público le gusta la actuación y los amigos están contentos. ☐

Completa con los siguientes verbos.

toca | está | hay

a. _____ una tienda de instrumentos.
b. _____ nervioso/a.
c. _____ la zampoña.
d. _____ tiempo.
e. _____ feliz.
f. _____ la batería.
g. _____ estresado/a.
h. _____ la guitarra.
i. _____ impaciente.
j. _____ el piano.
k. _____ la canción.

LOS GANADORES

Ya han terminado las actuaciones, y ahora los dos jueces[1], una mujer y un hombre, van a anunciar a los ganadores[2]. Todo el público aplaude emocionado.

—Empezamos con el premio especial del público —dice la jueza—. Este premio es para el grupo más carismático[3]. Los ganadores son… ¡Viva el Perú!

Todo el mundo aplaude al grupo peruano. A continuación, los jueces van a anunciar al ganador del premio al mejor vestuario[4]. Los chicos de Me Despierto y Bailo piensan que ellos tienen posibilidades.

—Señoras y señores —continúa la jueza—, tenemos dos ganadores para el premio al mejor vestuario. Los dos grupos se inspiraron para su ropa en la cultura andina de una manera muy original y creativa, y el resultado fue excelente. ¡Un gran aplauso para los dos ganadores: Mejor Juntos, de Brasil, y Me Despierto y Bailo, ¡de España y Perú!

Andrés, Laura, Iker, Claudia y Ainara ya tienen un premio. Es increíble. El público aplaude.

—¡Este premio es para ti, Andrés! —dicen Ainara, Iker, Claudia y Laura.
—¡Es de todos! Somos un equipo —dice Andrés feliz.

El juez toma el micrófono.

—Y ahora vamos a anunciar a los ganadores a la mejor canción —dice el juez—. El tercer premio es para una canción que mezcla sonidos andinos con ritmos de la cumbia panameña. La canción se llama *Colores de Panamá, colores del Perú* y es del grupo panameño Los Canaleros de Panamá.

—¡Su canción es muy buena! —dicen Andrés y Ainara.
—Sí, y su actuación ha sido fantástica —dice Claudia.

Los miembros del grupo de Panamá están muy felices. El público aplaude. El juez toma el micrófono de nuevo.

—¡Felicitaciones a Los Canaleros de Panamá! —exclama el juez—. Y ahora vamos a anunciar el segundo premio. El segundo premio es para una canción que mezcla ritmos de samba brasileña con ritmos andinos de una manera muy original. ¡Un gran aplauso para el grupo brasileño Mejor Juntos y su canción *Samba andina*!

Cuando escuchan su nombre, João y los otros miembros del grupo se abrazan. Están muy felices.

—¡Felicidades! —dice Ainara a João.
—¡Gracias! —responde João.

La jueza va a anunciar ahora al ganador del festival. Hay mucha tensión. Todos los grupos esperan ser los ganadores. Pero solo un grupo va a ganar el concurso. La jueza empieza a hablar.

—Bueno, llega el momento definitivo. Vamos a anunciar al grupo ganador. Los ganadores del Festival de Música del Sol son…

Hay unos segundos de silencio y tensión. Ainara, Laura, Claudia, Iker y Andrés juntan[5] las manos.

—… ¡Me Despierto y Bailo! Su excelente canción, *De España al Perú*, fusiona voces y ritmos flamencos y andinos. La combinación de la guitarra flamenca española y la zampoña peruana fue muy original. Fue una colaboración excelente. ¡Felicitaciones a los ganadores!

Increíble pero cierto: Ainara, Laura, Claudia, Iker y Andrés son los ganadores del Festival de Música del Sol. Reciben muchas felicitaciones. Están muy muy muy felices. En el escenario, todos toman el micrófono.

—¡Gracias, Lima! ¡Gracias, Perú! ¡Esto es increíble! —dice Andrés con orgullo.

—¡No lo puedo creer! ¡Somos los ganadores! Todas las canciones son fantásticas. ¡Felicidades a todo el mundo! —exclama Laura.

—Este es el mejor momento de mi vida. ¡¡¡Gracias!!! —dice Claudia.

—Es una noche especial. No la vamos a olvidar[6] nunca —dice Iker.

—¡Gracias, Lima! —dice Ainara con una gran sonrisa.

Todos aplauden al grupo español-peruano. Los jueces felicitan de nuevo a los ganadores y a todos los participantes, y dan las gracias[7] al público. En ese momento, todos los grupos suben al escenario. Un fotógrafo va a hacer una foto de todos los participantes. A la derecha de los chicos de Me Despierto y Bailo están los chicos de Brasil. En ese momento, Andrés tiene una idea.

—¡Amigos! —les sugiere Andrés—. ¿Qué tal si subimos todos juntos a la montaña de colores para celebrar y cantamos nuestras canciones desde la cima[8]?

—¡Me encanta la idea, Andrés! —dice João.

¡¡¡Va a ser FENOMENAL!!!

ACTIVIDADES
CAPÍTULO 12

Escribe las respuestas a estas preguntas.

1. ¿Cuántos jueces hay? ¿Quiénes son?

2. ¿Cuántos premios dan los jueces?

3. ¿El grupo brasileño recibe algún premio?

4. ¿Qué grupo es el ganador del festival?

5. ¿Cómo se sienten los chicos del grupo Me Despierto y Bailo?

6. ¿Qué van a hacer para celebrar?

Completa con el nombre del grupo que ha recibido cada uno de estos premios.

1. Premio especial del público.

   ----

2. Premio al mejor vestuario.

   ----

3. Primer premio a la mejor canción.

   ----

4. Segundo premio a la mejor canción.

   ----

5. Tercer premio a la mejor canción.

Inventa un final alternativo. ¿De qué otra manera podrían haber sucedido las cosas?

GLOSARIO

CAPÍTULO 1

CASTELLANO	INGLÉS	FRANCÉS	ALEMÁN
1. bocadillo	sandwich	sandwich	belegtes Brötchen
2. recibir	receive	recevoir	bekommen
3. notificación	notification	notification	Nachricht
4. molesto/-a	annoyed	irrité/-e	verärgert
5. buen provecho	Enjoy	bon appétit	Guten Appetit
6. distraerse	distract oneself	se changer les idées	sich ablenken
7. noticia	news	nouvelle	Nachricht
8. ironía	irony	ironie	Ironie
9. tocar	play	jouer	spielen
10. ayudar	help	aider	helfen
11. componer	compose	composer	komponieren
12. ¿de acuerdo?	OK?	d'accord ?	einverstanden?
13. ¡Chévere!	Awesome!	Super !	Prima!
14. ¡Por supuesto!	Of course!	Bien sûr !	Natürlich!
15. los demás	the others	les autres	die anderen
16. buena suerte	good luck	bonne chance	Viel Glück

CAPÍTULO 2

CASTELLANO	INGLÉS	FRANCÉS	ALEMÁN
1. batería	drums	batterie	Schlagzeug
2. guitarra	guitar	guitare	Gitarre
3. equipo	team	équipe	Mannschaft
4. apreciar	like	aimer	schätzen
5. regalo	gift	cadeau	Geschenk
6. cuidar	look after	prendre soin	pflegen
7. nota	note	note	Note
8. letra	lyrics	paroles	Text
9. ¡Qué guay!	Wow!	C'est génial !	Wie schön!
10. corazón	heart	cœur	Herz
11. intentar	try	essayer	versuchen
12. divertirse	enjoy	s'amuser	sich amüsieren
13. disfrutar	enjoy	s'amuser	genießen

CAPÍTULO 3

CASTELLANO	INGLÉS	FRANCÉS	ALEMÁN
1. siesta	siesta	sieste	Siesta
2. cansado/-a	tired	fatigué/-e	müde
3. dejar	leave	laisser	lassen
4. móvil	mobile	portable	Handy
5. sorprendido/-a	surprised	surpris/-e	überrascht
6. ¡Habla!	Hi!	Salut !	Hallo!
7. nota	grades	note	Note
8. levantar	hold (something) up	lever	hochheben
9. mostrar	show	montrer	zeigen
10. pantalla	screen	écran	Bildschirm
11. lindo/-a	lovely	beau/belle	schön
12. concurso	competition	concours	Wettbewerb
13. llegar	reach	arriver	kommen
14. ¿En serio?	Seriously?	C'est vrai ?	Wirklich?
15. estar inspirado/-a en	inspired by	être inspiré/-e	inspiriert sein
16. mezclar	mix	fusionner	mischen
17. seguir en contacto	keep in touch	rester en contact	in Kontakt bleiben

CAPÍTULO 4

CASTELLANO	INGLÉS	FRANCÉS	ALEMÁN
1. unirse	join	se joindre	beitreten
2. temprano	early	tôt	früh
3. tejido	fabric	tissu	Stoff
4. zampoña	panpipes	flûte de Pan	Panflöte
5. viento	wind	vent	Wind
6. antiguo/-a	old	ancien/-enne	alt
7. tubo	pipe	tuyau	Rohr
8. encantado/-a de conocerlo/-a	nice to meet you	enchanté/-e de faire votre connaissance	freut mich ihn/sie kennenzulernen
9. por cierto	by the way	au fait	übrigens
10. duda	query	doute	Frage
11. grabación	recording	enregistrement	Aufnahme
12. aprovechar	use	profiter	nutzen
13. sugerencia	suggestion	idée	Vorschlag

CASTELLANO	INGLÉS	FRANCÉS	ALEMÁN
14. en broma	jokingly	pour rire	scherzhaft
15. unánime	unanimous	unanime	einstimmig
16. estar convencido/-a	be sure	être sûr/-e	überzeugt sein
17. ronda	round	tour	Runde
18. subir	upload	publier	hochladen
19. promocionar	promote	promouvoir	werben
20. red social	social media network	réseau social	soziales Netzwerk
21. etiqueta	tag	étiquette	Hashtag
22. pasar a	go through	aller en	kommen

CAPÍTULO 5

CASTELLANO	INGLÉS	FRANCÉS	ALEMÁN
1. ocupado/-a	busy	occupé/-e	beschäftigt
2. actividad extraescolar	afterschool activity	activité extra-scolaire	außerschulische Aktivitäten
3. recordarle a	remind of	faire penser à	sich erinnern an
4. precioso/-a	beautiful	magnifique	wunderschön
5. sencillo/-a	simple	simple	einfach
6. tararear	hum	fredonner	summen
7. ensayar	practice	répéter	üben
8. cuerda	string	corde	Saite
9. traer	bring	apporter	bringen
10. alegría	happiness	joie	Freude
11. la suerte está echada	the die is cast	le sort en est jeté	kein Zurück mehr geben

CAPÍTULO 6

CASTELLANO	INGLÉS	FRANCÉS	ALEMÁN
1. reproducción	play	reproduction	Aufruf
2. compartir	share	partager	teilen
3. enlace	link	lien	Link
4. pedir	ask	demander	bitten
5. no haber tiempo que perder	no time to lose	il n'y a pas de temps à perdre	keine Zeit zu verlieren
6. ¡Listo!	OK!	Ça y est !	Fertig!
7. ¡Hecho!	Done!	C'est fait !	Gemacht!

CASTELLANO	INGLÉS	FRANCÉS	ALEMÁN
8. tener esperanza	be optimistic	avoir de l'espoir	Hoffnung haben
9. captura de pantalla	screenshot	capture d'écran	Screenshot

CAPÍTULO 7

CASTELLANO	INGLÉS	FRANCÉS	ALEMÁN
1. pegajoso/-a	catchy	accrocheur/-euse	eingängig
2. tener razón	be right	avoir raison	Recht haben
3. taller	workshop	atelier	Atelier
4. modista	dressmaker	couturière	Schneiderin
5. ir a la moda	keep up with the fashion	être à la mode	sich modisch kleiden
6. textura	texture	texture	Textur
7. timbre	bell	sonnette	Klingel
8. ¡Bienvenidos!	Welcome!	Bienvenue !	Willkommen!
9. tela	fabric	tissu	Stoff
10. lana	wool	laine	Wolle
11. suave	soft	doux/douce	weich
12. casaca	jacket	veste	Jacke
13. algodón	cotton	coton	Baumwolle
14. hermoso/-a	beautiful	superbe	wunderschön
15. colorido/-a	colourful	coloré/-e	farbig

CAPÍTULO 8

CASTELLANO	INGLÉS	FRANCÉS	ALEMÁN
1. hacer escala	stopover	faire escale	Zwischenlandung
2. dentro de	in	dans	in
3. esperar	wait	attendre	warten
4. carro	car	voiture	Auto
5. asiento	seat	place	Sitz
6. anfitrión/-ona	host	hôte/hôtesse	Gastgeber
7. rico	delicious	bon	lecker
8. hambre	hunger	faim	Hunger
9. oler	smell	sentir	riechen
10. conseguir	get	trouver	finden
11. pasar por	call by	passer chez	vorbeigehen

CAPÍTULO 9

CASTELLANO	INGLÉS	FRANCÉS	ALEMÁN
1. sostenible	sustainable	durable	nachhaltig
2. usado/-a	second-hand	de seconde main	gebraucht
3. probarse	try on	essayer	anprobieren
4. quedar	suit	aller	stehen
5. roto/-a	broken	déchiré/-e	kaputt
6. hacer un descuento	give a discount	faire une réduction	Rabatt geben
7. zapatero	shoe mender	cordonnier	Schuster
8. arreglar	mend	réparer	reparieren

CAPÍTULO 10

CASTELLANO	INGLÉS	FRANCÉS	ALEMÁN
1. caldo	stock	bouillon	Brühe
2. escoger	choose	choisir	auswählen
3. llegar tarde	be late	arriver tard	zu spät sein
4. estar listo/-a	be ready	être prêt/prête	bereit sein
5. cuerpo	body	corps	Körper
6. cabeza	head	tête	Kopf

CAPÍTULO 11

CASTELLANO	INGLÉS	FRANCÉS	ALEMÁN
1. afinar	tune	accorder	stimmen
2. baqueta	drumstick	baguette	Schlägel
3. descalificar	disqualify	disqualifier	disqualifizieren
4. acercarse	approach	s'approcher	sich nähern
5. competir	compete	rivaliser	konkurrieren
6. en igualdad de condiciones	on equal terms	dans les mêmes conditions	auf Augenhöhe
7. presentador/-a	presenter	présentateur/-trice	Moderator/-in
8. escenario	stage	scène	Bühne
9. aplauso	applause	applaudissement	Applaus
10. palpitar	beat	battre fort	pochen
11. brillar	shine	briller	glänzen
12. ovación	ovation	ovation	Beifall

CAPÍTULO 12

CASTELLANO	INGLÉS	FRANCÉS	ALEMÁN
1. juez/-a	judge	juge	Juror/-in
2. ganador	winner	gagnant/-e	Sieger
3. carismático/-a	charismatic	charismatique	charismatisch
4. vestuario	wardrobe	costume	Outfit
5. juntar	hold	joindre	sich fassen
6. olvidar	forget	oublier	vergessen
7. dar las gracias	thank	remercier	sich bedanken
8. cima	top	sommet	Gipfel